AF229379

L'UNION RÉPUBLICAINE

SOCIÉTÉ D'INITIATIVE

PAR

A. VAVASSEUR

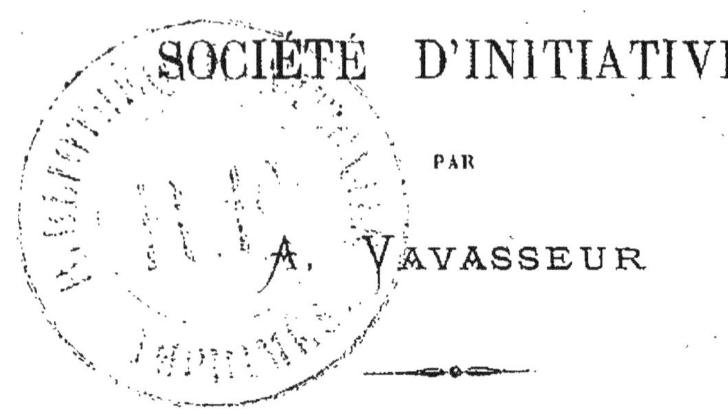

(Extrait de **LA CLOCHE**, *journal de l'Union républicaine*
Nos des 16 et 17 mars 1871)

PARIS

IMPRIMERIE DE DUBUISSON ET Cᵉ

5, RUE COQ-HÉRON, 5

1871

L'UNION RÉPUBLICAINE

SOCIÉTÉ D'INITIATIVE

I

Trop longtemps nous avons vécu enfermés dans nos demeures, presque indifférents aux intérêts généraux, abandonnant à d'autres le soin de nous gouverner ou de nous sauver.

Aujourd'hui, il faut nous rapprocher, nous unir, pour apprendre à nous connaître et à nous apprécier : la vie publique doit commencer.

Le moment est venu de nous gouverner et de nous sauver nous-mêmes.

La République seule peut nous reconnaître, ou, pour mieux dire, ne pas nous contester cette liberté primordiale ; seule, elle peut en laisser faire l'application réelle, pratique, dans les institutions et dans les mœurs.

La monarchie a toujours fait de l'égoïsme individuel un moyen de gouvernement. La République est basée sur le principe contraire, sur la solidarité humaine.

Pour tout esprit clairvoyant et sincère le choix est fait. Il serait commandé par l'intérêt social bien entendu, s'il ne l'était avant tout par la loi morale ; car il est aujourd'hui démontré que la monarchie ne peut donner, même dans l'ordre matériel, qu'une tranquillité précaire, superficielle : le repos sur un volcan. La République est seule en état de réaliser définitivement l'ordre moral et matériel ; seule, elle peut donner un gouvernement assez stable, assez ferme et fort pour supporter toutes les libertés, comme pour réprimer toutes les violences.

***

La liberté, cet épouvantail des âmes pusillanimes, n'est redoutable que sous la monarchie, où l'intérêt dynastique fait toujours échec à l'intérêt général. De là une lutte sourde et permanente, d'où naissent des inquiétudes perpétuelles, des tourmentes périodiques suivies de catastrophes sociales.

Sous un régime démocratique, la liberté, avec toutes ses agitations, c'est la vie elle-même. Si parfois il en surgit des orages, comme ceux de l'Océan ils ne troublent que la surface. Les couches profondes ne sont pas atteintes ; car les assises sociales sont indestructibles, et l'atmosphère morale, après ces passagères émotions, retrouve bientôt son calme habituel.

D'ailleurs, refuse-t-on de naviguer sur la mer à cause de ses tempêtes ? Faut-il préférer aux vivifiantes agitations de la liberté le silence glacé du despotisme ? N'est il pas plus raisonnable d'apprendre à naviguer, de contempler d'un œil ferme tous ces aspects multiples, ondoyants, de l'océan populaire, d'habituer nos oreilles et nos cœurs aux bruits parfois stridents des houles humaines ? Oui, sachons enfin nous arracher aux tranquilles rivages, nous répandre et nous mêler au sein des masses, pour y faire entendre des paroles de vérité, de raison et d'apaisement.

Ce sont des mœurs nouvelles à établir. La régénération politique, sociale et morale est à ce prix.

Le suffrage universel, loyalement appliqué, y aidera. L'institution reconquise de la garde nationale, l'administration municipale, affranchie et décentralisée, contribueront aussi à cimenter l'union entre ce qu'on appelait communément jusqu'ici les diverses classes de la société.

Outre cela, les vieilles entraves législatives vont disparaître ; la liberté d'association, qui déjà existe en fait, sera certainement décrétée. Le terrain est tout préparé pour la réforme.

A l'œuvre donc. Secouons la torpeur traditionnelle. Agissons avec l'ardeur virile de citoyens libres. Faisons acte d'initiative et sachons nous servir de l'association, ce merveilleux instrument qui centuple les forces individuelles, qui a permis à l'industrie moderne ces immenses travaux dont s'honore la civilisation, et qui, transporté dans la sphère des rapports sociaux ou politiques, saura nous délivrer enfin de l'omnipotence administrative ou gouvernementale.

Déjà, dans ces dernières années, l'association volontaire et libre a manifesté sa puissance, soit par la création des chambres syndicales de patrons et d'ouvriers, soit par les applications variées du système de la coopération.

La grande *Association internationale*, qui étend ses rameaux sur l'Europe entière, est, en faveur de la classe ouvrière, un éclatant témoignage non-seulement de son aptitude à l'organisation, mais aussi d'une vertu qu'on lui a souvent contestée : la persévérance et la suite dans les idées.

Voilà certes un exemple qui s'impose et qui doit ouvrir les yeux à la bourgeoisie libérale ! Qu'elle s'isole et reste en place, en essayant de se cramponner au passé; le dualisme menaçant, qui depuis un demi-siècle s'accentue de plus en plus, va constituer un danger considérable. Ce danger, elle peut l'éviter en se ralliant franchement au régime républicain, en abordant sincèrement l'étude des grands problèmes sociaux, en affirmant sa foi dans le progrès indéfini des institutions, et, pour tout dire en un mot, en acceptant les réformes possibles pour empêcher les expériences chimériques et désastreuses.

Il y aussi des questions plus modestes, mais d'un intérêt immédiat, naissant au jour le jour, et qu'une vaste association, telle que nous la comprenons, ne manquerait pas de choisir comme objet d'étude.

Citons : la question des échéances, trop hâtivement peut-être résolue par l'Assemblée nationale; la question des loyers, si délicate et qui soulève tant d'émotion populaire; celle de la ligue anti-prussienne, sur laquelle des négociants et des industriels expérimentés projetteraient de si vives lumières; celle des concordats amiables, etc.

En Angleterre, les projets de loi, annoncés longtemps à l'avance, sont soumis à une enquête publique. Pourquoi en France n'obtiendrions-nous pas ce résultat par une association privée se chargeant elle-même de faire l'office d'une véritable Commission permanente d'enquête législative? Il suffit pour cela d'étendre le domaine spécial et restreint embrassé par les chambres syndicales du commerce et de l'industrie.

***

L'association n'aurait pas à borner son initiative aux pures études théoriques. Elle devrait entrer largement dans la vie pratique, et de ce côté son champ d'action serait pour ainsi dire illimité :

D'une part, élections municipales consulaires et politiques, propagande par la presse, par les brochures, les conférences et les réunions, pétitionnements en faveur des réformes jugées utiles.

D'autre part, création d'œuvres démocratiques, telles que bibliothèques, cercles populaires, cours publics, etc.

Les statuts seraient assez larges pour

n'empêcher aucun bien. L'action de l'association n'aurait d'autres limites que la volonté même de ses membres, manifestée dans les assemblées générales.

En résumé, à la réorganisation générale annoncée et entreprise par le nouveau pouvoir exécutif de la République française, nous voulons apporter le concours, mais, ajoutons aussi, imposer le contrôle et au besoin substituer l'action des volontés individuelles, éclairées et fortifiées par l'esprit d'association.

On voit maintenant pourquoi nous proposons pour l'association en projet le titre qui figure en tête de cet article.

II

Nous avons précédemment exposé les motifs d'une association à créer pour réveiller et mettre en jeu les énergies individuelles si longtemps affaissées et endormies.

Nous avons cité quelques rares exemples de tentatives en ce sens, pratiquées à Paris, non sans succès d'ailleurs, dans ces dernières années.

Depuis notre révolution du 4 septembre, il s'est aussi formé à Paris, dans divers arrondissements, et sous cette même dénomination générique : L'*Union républicaine*, des associations paraissant vouloir entrer dans la même voie.

C'est un heureux symptôme qui se serait davantage accusé, sans l'état de siége, légalement décrété, et, nul de nous n'en perdra le souvenir, horriblement réalisé.

Il y a là le germe d'une décentralisation qui peut donner d'immenses résultats.

La vie municipale, inerte dans nos mairies d'arrondissement, qui ne sont, de par la loi actuelle, que des bureaux d'état civil et de bienfaisance mesquine, peut y trouver un aliment puissant. Les hommes, en se rapprochant, en agissant, en luttant, y feront l'apprentissage de la liberté ; et bientôt, en préparant l'avénement de mœurs nouvelles, ils sauront comment on devient des citoyens.

**

Mais nous adressons un reproche à ces projets d'association :

Leur sphère d'action nous semble devoir être trop exclusivement politique ; car, d'après leurs statuts, leur but principal, ce serait la propagande électorale ; le reste ne serait qu'accessoire.

Nous croyons qu'il faut entrer plus profondément dans la vie pratique ; et l'association dont nous avons conçu l'idée devrait être assez largement constituée, non-seulement pour embrasser les divers objets que nous avons déjà indiqués, mais encore pour tenter l'application des théories qui, après mûr examen, seraient jugées dignes de cette expérience.

Dès maintenant il est facile de signaler quelques-unes des créations sur lesquelles pourrait s'exercer son activité immédiate : des bibliothèques, des cercles, des conférences, des cours, des écoles libres, des lycées d'externes, des institutions de mutualité, d'assistance, de crédit, etc.

Toutes ces œuvres vives de la démocratie peuvent se réaliser dans chaque arrondissement par des groupes indépendants, ou rattachés par un simple lien fédératif, sous l'impulsion de l'association mère ; et celle-ci n'aurait plus à cet égard que le caractère d'une société d'initiative, sans aucune de ces prétentions de protectorat offensant, de patronage dominateur, qui ont trop souvent défiguré les œuvres d'une philanthropie étroite et impuissante.

Dans l'aristocratique Angleterre, il s'est formé, en 1862, une *Association centrale des clubs et instituts d'ouvriers* (*Working men's club and institute union*), ayant pour but de propager l'établissement des cercles d'ouvriers. Les plus grands personnages ont présidé à cette fondation, dont le succès a été rapide ; car, en 1868, on ne comptait pas moins de 312 cercles organisés soit dans les villes, soit même dans les villages.

Les statuts de l'association définissent ainsi le but qu'elle poursuit : « Aider les « ouvriers à établir des clubs et des insti- « tuts où ils puissent se réunir pour cau- « ser, s'entretenir de leurs affaires et se « développer intellectuellement, tout en « se divertissant, et en ayant des rafraî- « chissements, sans être obligés pour cela « d'avoir recours aux cabarets. »

Il y a une bibliothèque, une salle de lecture où se trouvent des journaux, des brochures ; une salle de conférences où sont admises les femmes et les filles des membres du club ; des jeux de billards et autres, mais il est défendu d'y jouer de l'argent.

L'instruction et la distraction sont ainsi réunies pour produire cet attrait salutaire qu'elles n'auraient pas étant sépa- rées.

En France, où nous croyons et disons, avec l'infatuation patriotique qui nous coûte si cher, marcher à la tête de la ci- vilisation, nous sommes bien arriérés sous ce rapport, comme sous tant d'autres, hélas ! C'est à peine si l'on compte à Paris deux ou trois tentatives qui n'ont donné que des résultats médiocres.

Il serait injuste de passer sous silence la généreuse initiative de M. Jules Siegfried, qui a fondé à Mulhouse, à ses frais, un cercle populaire, avec bibliothèque, salles de conférence, de jeux, de gymnastique, etc.

M. Siegfried a mis pour cet objet 100,000 francs à la disposition de la *Société industrielle* de Mulhouse ; et nous devons les renseignements qui précèdent, sur les *Working men's clubs* d'Angleterre, à l'obligeante communication qu'il a bien voulu nous faire d'une intéressante brochure sur le *Cercle Mulhousien*.

Faisons des vœux pour que ce bienfaisant et intelligent compatriote reste nôtre ou le redevienne bientôt, avec la belle et industrieuse cité qui nous a été enlevée.

Mais les statuts de ces clubs ou cercles d'ouvriers contiennent certaines restrictions que nous devrions écarter : ainsi, nos cercles admettraient tous les citoyens, ouvriers, patrons ou bourgeois.

D'autre part, la politique, loin d'en être bannie, y serait étudiée et discutée dans les conférences, les cours et les réunions. Elle pourrait même avoir son rôle actif dans les luttes électorales.

L'association centrale d'arrondissement aurait ainsi un caractère complexe, pratique autant que théorique, politique autant que moral ou économique, le tout inspiré par le sentiment démocratique qui doit en être l'âme et la vie.

Cela étant, il n'est pas hors de propos de consigner ici, pour établir la communauté de vues et d'idées, nécessaire dans toute association, les principes généraux qui aujourd'hui sont admis par toute la démocratie française, et qui, sauf certaines dissidences partielles, peuvent se résumer ainsi :

Élection par le suffrage universel de tous les corps politiques et administratifs ;

Une assemblée législative temporaire;

Le pouvoir exécutif nommé et révocable par l'Assemblée;

Un Conseil général par département; un Conseil municipal par commune; nommant et révoquant aussi leur pouvoir exécutif (préfet, maire, adjoints);

L'instruction primaire, obligatoire, laïque et gratuite;

La séparation de l'Église et de l'État;

L'enseignement moral, trop longtemps oublié, et qu'il faut se hâter d'instituer sous peine de décadence sociale;

La suppression de l'armée permanente, la nation devant suffire à défendre le territoire;

La responsabilité des fonctionnaires à tous les degrés;

La réorganisation de la justice, simplifiée et mise en harmonie avec les institutions républicaines;

La réforme des lois d'impôt, de crédit, des Codes pénal et d'instruction criminelle;

La liberté de la presse, de réunion et d'association.

Toutefois, il demeure bien entendu que nous n'entendons point imposer un programme inflexible.

Tout citoyen qui en admet les bases essentielles peu faire partie de l'association. Qu'il soit homme du lendemain ou de la veille, nous n'avons pas le droit de le rechercher ; car plus d'une conscience, indifférente ou voilée, s'est trouvée brusquement illuminée par les fulgurants éclairs de la Révolution qui vient de s'accomplir.

D'ailleurs, nous ne fondons pas une de ces Églises jalouses où ne doivent pénétrer que les néophytes ; nous appelons tous les hommes sincères, honnêtes, déclarant aujourd'hui, sans arrière-pensée, acquiescer aux principes de la saine démocratie.

A. VAVASSEUR.

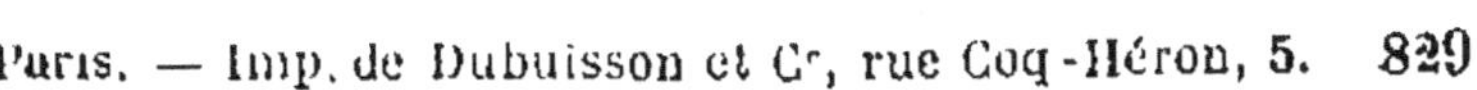

Paris. — Imp. de Dubuisson et Cⁱᵉ, rue Coq-Héron, 5.   829